Wolf D. Hartmann
Anna Nym (Illustrationen)

Russisch Roulette

Sanktionspolitik: Eine illustrierte Satire

FSC
www.fsc.org
MIX
Papier aus ver-
antwortungsvollen
Quellen
Paper from
responsible sources
FSC® C105338

Die Deutsche Nationalbibliothek verzeichnet diese
Publikation in der Deutschen Nationalbibliographie.
Detaillierte bibliographische Daten sind im Internet unter
http://dnb.de abrufbar
Überarbeitete Auflage, November 2022
CIP-Einheitsaufnahme:
Hartmann, Wolf D.: Russisch Roulette.
Sanktionspolitik: Eine illustrierte Satire.
Herstellung und Verlag: BoD – Books on Demand,
Norderstedt, © 2022.
ISBN: 9 783756 836246
Printed in Germany
Lektorat: Klaus Peter Möller, Potsdam
Korrektorat: Thomas Döring, Berlin

Vorwort

Die Menschheit hat nach zwei Weltkriegen und zahllosen lokalen Konflikten immer noch nicht genug vom Kopfschussspielen. Wer glaubte, nach Hiroshima und Nagasaki würde die Welt weniger Kopf und Kragen riskieren, kann sich weiter mit Friedensapellen den Kopf einrennen.

Es geht munter mit dem Wettrüsten weiter und die Weltgemeinschaft macht beim tödlichen Pokern mit. Nicht allein auf militärischem Feld, sondern klimatisch bis zum Atemanhalten der Welt.

Wir verfrühstücken unsere Zukunft mit anhaltendem Ressourcenverbrauch und verballern Milliarden und Abermilliarden sinnlos auf Schlachtfeldern.
Die Kapitalinhaber des militärisch-industriellem Komplex lachen sich dabei einen Ast, obwohl sie den wie andere Ignoranten absägen, auf dem wir alle sitzen.

Genauso geht es den Öl- und Gasspekulanten, die mit der durch den Russland-Ukraine-Krieg ausgelösten und die Sanktionspolitik verschärften Energiekrise Milliarden scheffeln, während vielen Millionen Menschen angst und bange vor einer kalten Zukunft wird.

Das Russisch Roulette passt zur gegenwärtigen Weltlage. Die Großmächte halten sich am Rande des Russland-Ukraine-Krieges statt Revolver Atomraketen an die Stirn.

Unserem schönen grün-blauen Planeten droht Gefahr, das Licht für immer auszugehen. Zyniker meinen dazu, dann wäre auch unsere Ampel aus und es würde vielleicht nach den alten Regeln ohne die Energiekrise und Sanktionsfalle weitergehen.

Hochsommerliche Sprüche, wie: „Bisschen Frieren für den Frieden hilft entschieden!" wurden durch oft kolportierte Witze ersetzt: „Wenn Blödheit leuchten würde, hätten wir ein Energieproblem gelöst."
Die Kaltduscher-Klimahelden und schwäbischen Waschlappen-Fans werden gleichermaßen Rechnungen und Nachzahlungen bekommen, die sich gewaschen haben.

Das kleine ABC der illustrierten Sanktionsrhetorik will selbständiges Denken durch Satire fördern und Sanktionspolitikern durchaus in die Karriere fahren.

Wolf D. Hartmann
Bad Saarow, September 2022

Ampelcurvata

Nun sind sie endlich an der Macht
und haben sich noch nicht verkracht.
Die Roten, Grünen und die Gelben
sind aber längst nicht mehr dieselben.
Sie verdrehen und sie biegen sich,
das ist doch einfach fürchterlich.
Hauptsache bleibt der Machterhalt,
alles andere, das lässt sie kalt.

Botschaftersprüche

Wie hieß denn bloß der Diplomat,

der gern und oft lautstark auftrat?

Den Kanzler hieß er „Leberwurst"

und schrie ganz laut: „Wir leiden Durst!

Schickt uns endlich schwere Waffen,

damit wir's gegen Russland schaffen!

Euch mit in den Krieg zu bringen

muss uns doch recht bald gelingen."

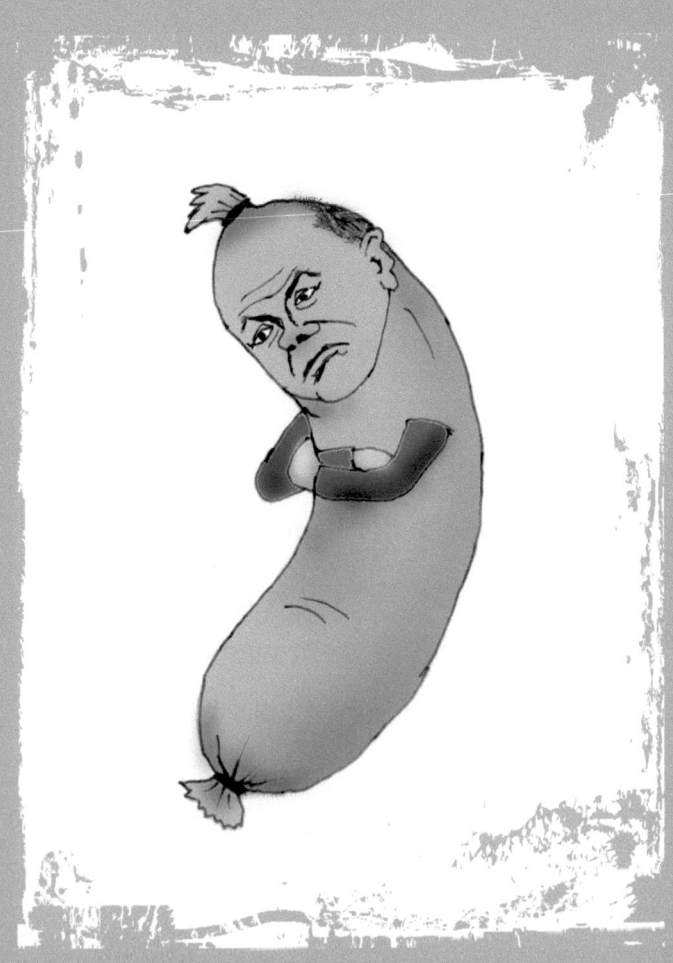

Cancel Culture

Erdöl, Kohle und das Gas

bringen Russland ganz schön was.

Europa schrie deshalb sehr laut:

„Jetzt wird euch der Export verbaut!"

Doch die Preise stiegen an,

schwuppdiwupp verdient man dran.

Kritik am Canceln gibt es nicht,

Zweifler verlier'n nur ihr Gesicht.

13

Doppelwumms

Russland den Geldhahn abzudrehen
so fing es an, so sollt es gehen.
Bei uns wurde er aufgedreht,
was immer auch dahinter steht.
Kein Mensch verstand „Doppelwumms"
Außer: Hier wirst du verdumms(t).
Hält Scholz uns schon für so bekloppt,
dass er uns mit Wummsen foppt?

Energiewechsel

Mitten im Sommer hieß es dann:

„Fangt bloß schon Gas zu sparen an!"

Die Wohnungen sind jetzt noch warm,

doch wartet mal, bald seid ihr arm.

Dann heißt es, nur noch kalt zu duschen

und in Wärmestuben huschen.

Wird bald der Winter eisig kalt,

klatscht euch dort warm und gebt euch Halt.

Feldberichte

Ist der Krieg schon schlimm genug,
gibt es auch noch Lug und Trug.
Die Toten werden ausgeplündert,
weil keiner die Krieger hindert.
Sogar an Leichen wird gefummelt
und mit der Wahrheit schnell geschummelt.
Im Krieg fallen Beweise schwer,
daher zählen Fake News umso mehr.

Galgenhumor

Was ist nur mit den Grünen los,

sie sind wohl nicht mehr ganz bei Trost.

Geben Temp'raturen vor,

obwohl selbst noch keiner fror.

Drehen das warme Wasser ab,

schließlich ist das Gas doch knapp.

Sanktionen können uns nicht schaden

Gesundes Klima, kaltes Baden.

 Heiztipps

Früher hieß es Kohlen schleppen,
da schwitzte man schon auf den Treppen.
Dann kam die Wärme aus der Wand,
weil man die Gasheizung erfand.
Nun stellt sich der Minister quer.
Er erklärt, das geht nicht mehr:
„Dreht die Heizung vier Grad runter,
zieht unters Hemde noch was drunter."

Irre

Bloß keine „Kriegesmüdigkeit"!
Dazu sind wir doch nicht bereit.
Atombomben wird keiner werfen,
da muss man nur die Abwehr schärfen!
Wenn die nicht trifft, ach, keine Bange,
nehm'n wir die Russen in die Zange
und zeigen was in Deutschland steckt.
Wir sind schon zweimal dran verreckt.

Jammerlappen

Das sind doch Jammerlappen nur
mit dieser Forderungs-Kultur!
Die soll'n sich mal zusammennehmen
und für ihr Wohlstandsdenken schämen.
Vorbei sind Klotzen und auch Kleistern –
jetzt müssen wir die Krisen meistern!
Das geht mit Sparen und Verzicht
und positiver Zuversicht.

Korruption

Man findet sie fast überall,

wieso kehrt niemand aus den Stall?

Lässt die Korrupten jetzt auffliegen,

wenn sie den Staat und uns betrügen.

Milliarden kommen in das Land,

da hält man doch mal auf die Hand.

Wenn Vettern mit im Sumpfe waten,

riechen wir den faulen Braten.

LNG

Die meisten fragen sich seit langem
und mit immer größ'rem Bangen:
Wird uns der Gashahn zugedreht,
wie's dann um die Versorgung steht!?
Vielleicht klappt's dann mit diesem Trick:
Fracking wird mal wieder schick!
Alternativ kommt manche Altanlage
auf die Schnelle nun in Frage.

Moskau

Moskau heißt der Ort des Bösen.

Von dem will man die Welt erlösen.

Im Kreml herrscht ein neuer Zar,

wie vorher dort noch keiner war.

Er hat den Krieg selbst losgetreten,

da hilft kein Jammern und kein Beten.

Und auch nicht in den Sternen steht

wie es friedlich weitergeht.

Nonsens

Was redet Habeck für ein' Stuss,
der macht den Bäckern viel Verdruss:
Wer nicht mehr produzieren kann,
hält einfach seinen Laden an.
Er verkauft dann zwar nichts mehr,
und die Kassen bleiben leer.
„Insolvent" nennt er das nicht,
höchstens später ein Gericht.

BÄCKEREIEN

 Odessa

Odessa heißt die Hafenstadt,
die so viel Flair zu bieten hat.
Die Perle liegt am Schwarzen Meer.
Sie braucht alles, nur kein Heer.
Noch steht die Stadt mit vielen Villen,
doch fürchtet sich die Welt im Stillen,
dass nur die Katakomben bleiben,
wenn die Scharfmacher antreiben.

Politikverdrossenheit

Immer öfter kann man sehn,

dass Bürger auf die Straßen gehn.

Sie rufen laut und lauter schon:

„Ampel in die Produktion!"

Vieles läuft im Staat verkehrt,

was die Bürger stark empört!

Sie zweifeln an der Kompetenz,

uns allen droht die Insolvenz.

Schluss mit dem Ampelgehampel!!

Gebt Gas!

AMPEL iN DiE PRODUKTION!

 Quatar

Das kleine Golfstaat-Emirat
galt früher als ein „Schurkenstaat".
Doch als der Run auf's Gas begann,
da nahm es Lupenreinheit an.
Was gelten heute Menschenrechte
wenn Deutschland etwas haben möchte?
Die Augen werden zugemacht,
zuletzt lacht, wer am besten lacht.

Rüstungswahn

Aufrüsten heißt die Lösung jetzt
gegen Putin, der nur hetzt.
Dabei war'n die Grünen mal
für Friedensfreunde erste Wahl.
Nun stehn sie für den neuen Kurs,
das führt vielleicht zu ihrem Sturz.
Wie kann man sich nur so vergessen,
statt grün sind sie nun machtbesessen.

Sanktionsfalle

So langsam dämmert jedermann,
Sanktionen fang'n zu wirken an.
Wir stecken selber in der Falle,
denn unser Gas ist bald schon alle.
Die Rufe werden deshalb schrill:
„Legt bloß die letzten drei nicht still!"
Macht Nord Stream II dazu noch auf,
dann fließt das Gas wieder zuhauf.

„Ohne Atomkraft überwintern heißt dunkle Nacht mit kaltem Hintern!"

Tempolimit

Was wurde darum schon gestritten
und heimlich wohl auch sehr gelitten.
Die FDP sagt einfach „Nein",
und willig lenken alle ein.
Tempolimit ist vom Tisch,
sei's drum, noch so viel Gezisch.
„Freie Fahrt für freie Bürger!"
 heißt der Slogan als Halsabwürger.

 Übergewinne

Da gab es diesen Tankrabatt,
die Reichen lachten sich fast schlapp:
„Was soll'n die paar Cents uns bringen,
wenn wir um Steuernachlass ringen?
Was heißt Gewinn, was ist Verlust?
Das hätt' der Fiskus gern gewusst.
Wir sind reich und ihr seid arm,
schaut uns doch alle in den Darm."

SUPER 9.9⁹€
SUPER E10 8.9⁹€
DIESEL 11.9⁹€
GAS 13.9⁹€
SUPER

Vasallen

Vasallen hieß man früher mal
die Rittersleute zweiter Wahl.
Für Deutschland gilt das immer noch,
weil es noch stets vor Brüdern kroch.
Sie können uns zu allem zwingen,
Nord Stream nicht zu Ende bringen,
dafür ihr teures Gas einkaufen,
und rüsten bis zum Haare raufen.

Strom Rechnung

Gas Rechnung

Neben-kosten

Wahnsinn

Wo sind bloß die Pazifisten,

die früher bunte Fahnen hissten?

Wo sind die Sonnenblumenkinder,

die grünen Politik-Erfinder?

Sie trommeln heute: Zu den Waffen!

Statt ohne Waffen, Frieden schaffen.

Die Ampel flackert täglich mehr,

man wünscht sich rasch Neuwahlen her!

 Xenokratie

Fremdherrschaft, die will kein Staat,

darum bekämpft man Stacheldraht.

Wir sind jedoch seit langem

vom großen Kapital gefangen.

Das Kapital beherrscht die Welt,

auch wenn sie sich für frei noch hält.

Wir beugen uns dem Dollar gerne

und setzen auf die US-Sterne.

Yo-Yo-Effekt

Strafmaßnahmen liebt wohl keiner
und die Effekte werden kleiner,
je länger man sie aufrechthält
und die Menschheit damit quält.
Es werden immer Tricks gefunden
und die Barrieren überwunden.
Das nennt man dann Yo-Yo-Effekt,
es profitiert, wer das schnell checkt.

Zeitenwende

„Epochenwandel" ließ aufhorchen!
Typisch deutsch, folgte: „Gehorchen!"
Kaum einer denkt jetzt mehr daran,
wie das alles einmal begann.
In Russland wird mobil gemacht
bis alles wohl zusammenkracht.
Oder gewinnt Diplomatie
doch noch gegen Kriegshysterie?

Weitere Satiren und Bücher unter:
www.wolf-d-hartmann.de